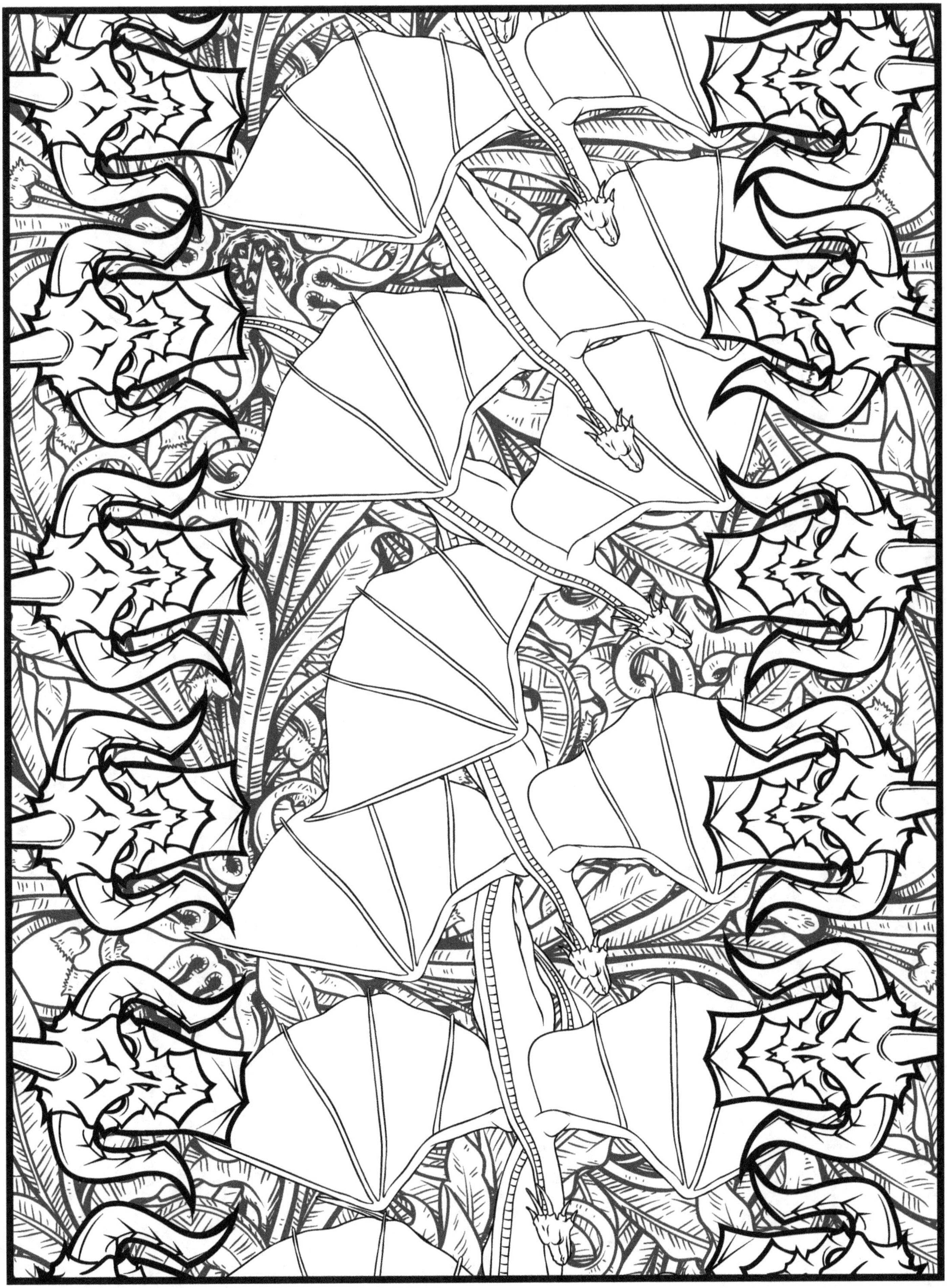

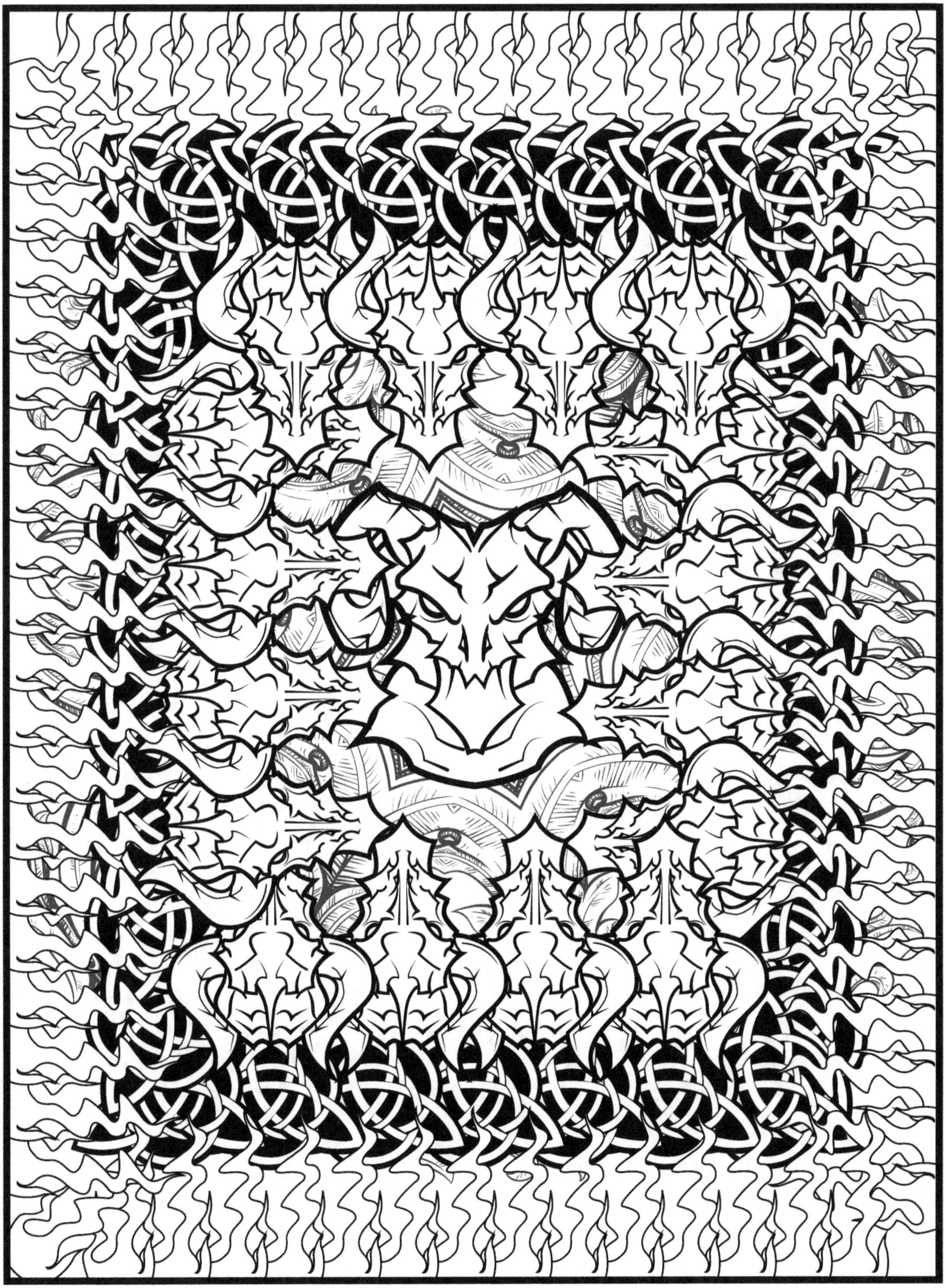

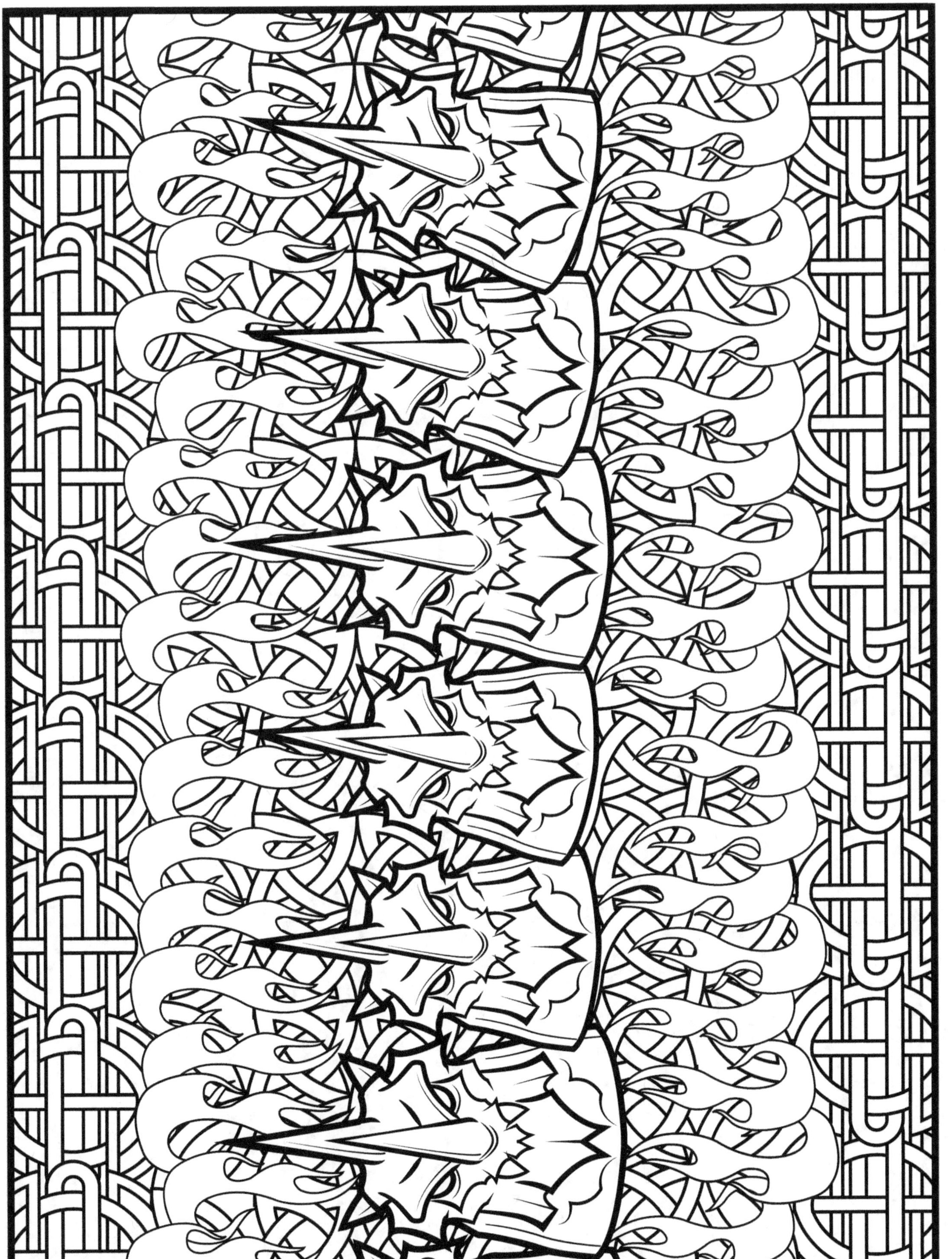

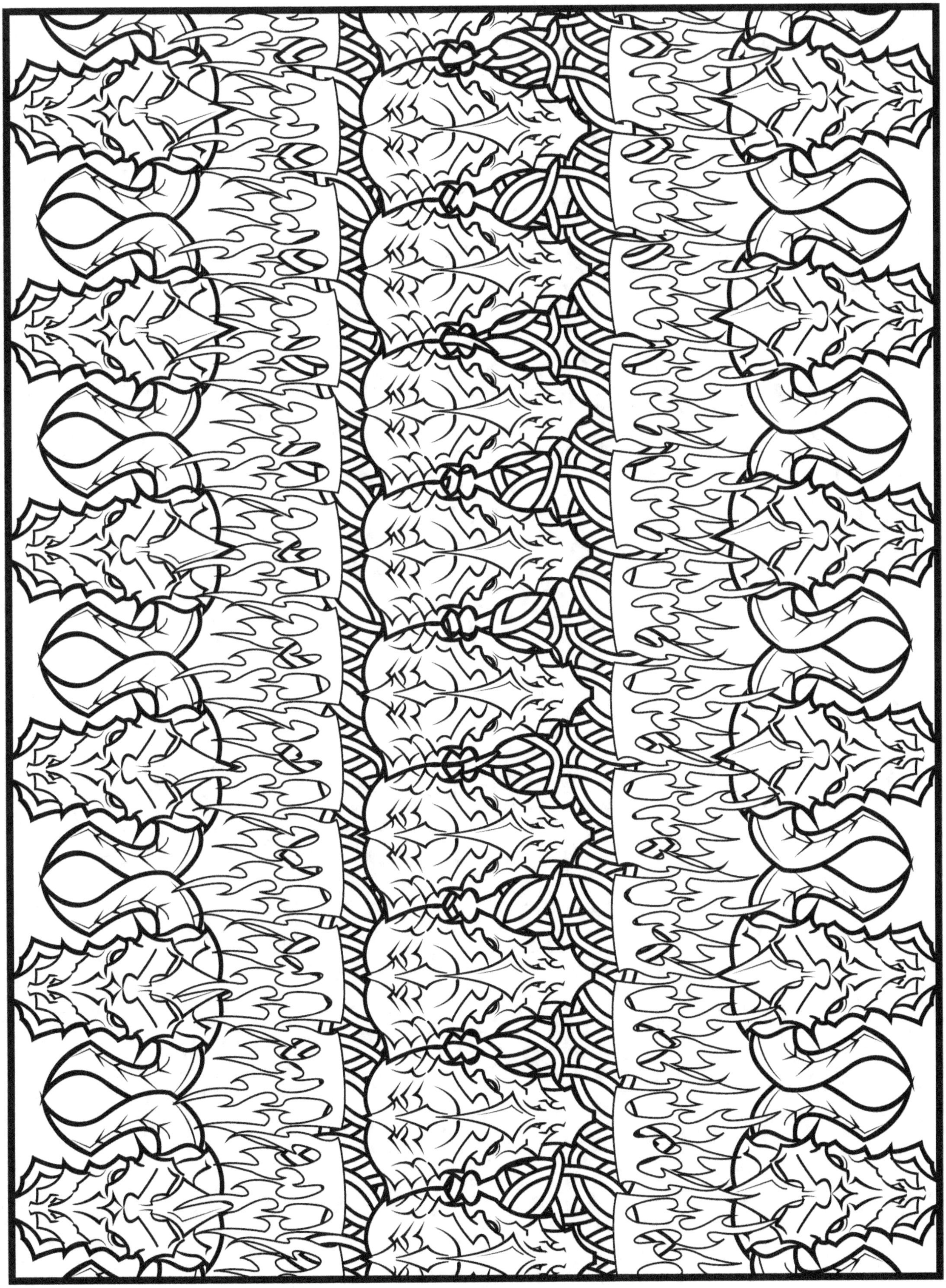

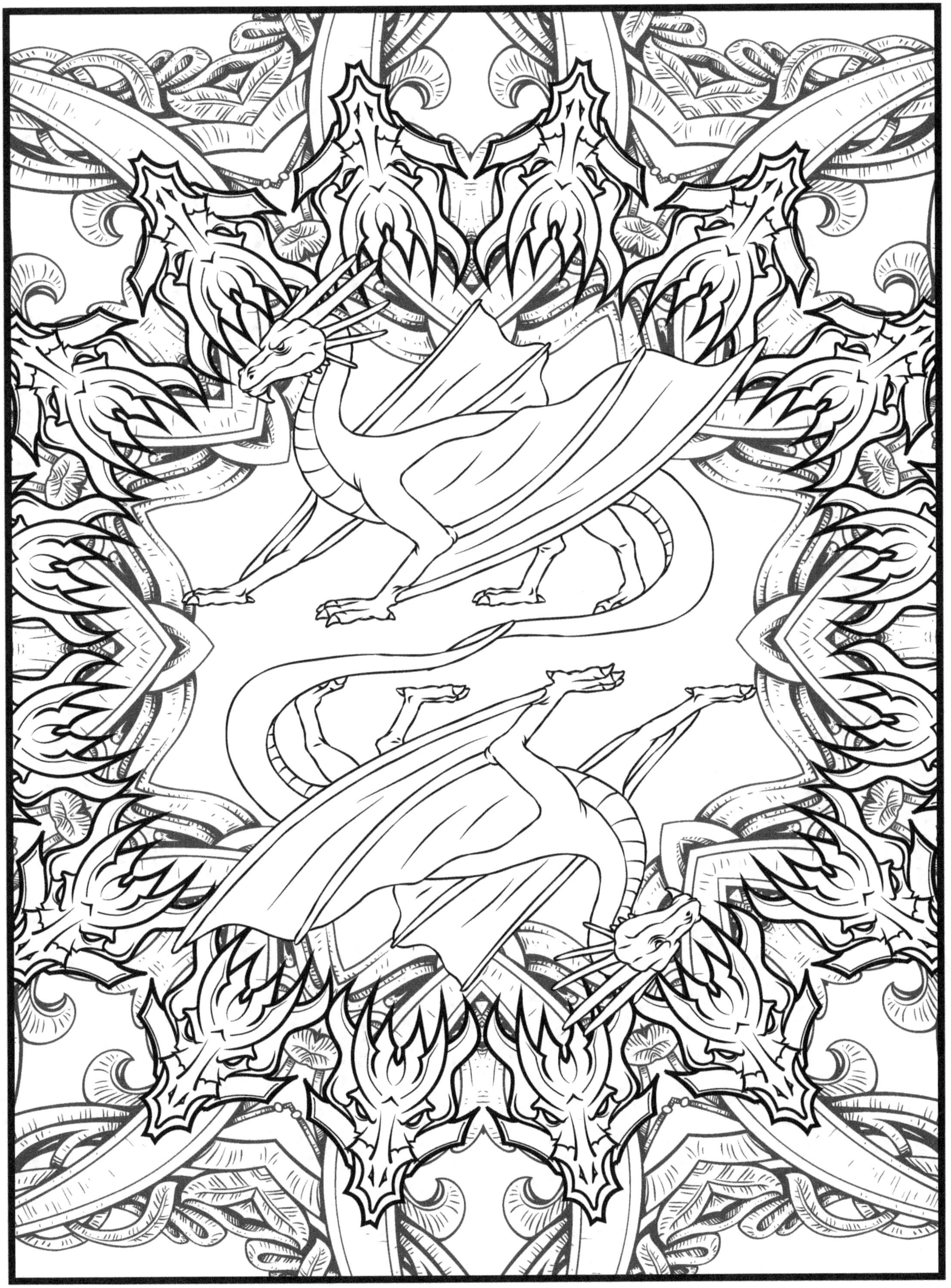

www.ingramcontent.com/pod-product-compliance
Lightning Source LLC
Chambersburg PA
CBHW081149280526
45787CB00008B/3270
* 9 7 8 1 5 1 9 6 0 6 2 1 1 *